This Book Belongs To:

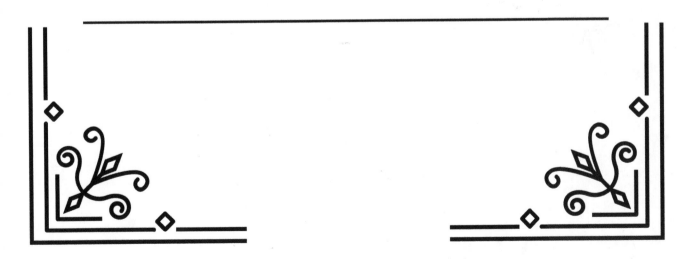

To Be Read

To Be Read

- ○ _____
- ○ _____
- ○ _____
- ○ _____
- ○ _____
- ○ _____
- ○ _____
- ○ _____
- ○ _____
- ○ _____
- ○ _____
- ○ _____
- ○ _____
- ○ _____
- ○ _____
- ○ _____
- ○ _____
- ○ _____

To Be Read

Genre:_____

○ _____
○ _____
○ _____
○ _____
○ _____
○ _____
○ _____
○ _____
○ _____
○ _____
○ _____
○ _____
○ _____
○ _____
○ _____
○ _____
○ _____

To Be Read

Books Read

_____

_____

_____

_____

_____

_____

_____

_____

_____

_____

_____

_____

_____

_____

Genre:_____

_____

_____

_____

_____

_____

_____

_____

_____

_____

_____

_____

_____

_____

_____

Genre:_____

_____

_____

_____

_____

_____

_____

_____

_____

_____

_____

_____

_____

_____

_____

_____

_____

_____

Title/Author

Notes

_____

_____

_____

_____

_____

Key Take-aways

Action Items

_____

_____

_____

_____

_____

_____

_____

_____

_____

Title/Author

Notes

_____

_____

_____

_____

_____

Thoughts

Quotes

_____

_____

_____

_____

_____

_____

_____

_____

_____

Reading List

Title _____

Author _____

Genre _____

Notes _____

Title _____

Author _____

Genre _____

Notes _____

Title _____

Author _____

Genre _____

Notes _____

Title _____

Author _____

Genre _____

Notes _____

Title _____

Author _____

Genre _____

Notes _____

Title _____

Author _____

Genre _____

Notes _____

_____

_____

Title _____

Author _____

Genre _____

Notes _____

_____

_____

Title _____

Author _____

Genre _____

Notes _____

_____

_____

Title _____

Author _____

Genre _____

Notes _____

_____

_____

Favorite Quotes

Favorite Quotes

Author: _____

Book: _____

_____

_____

_____

_____

_____

_____

Author: _____

Book: _____

_____

_____

_____

_____

_____

_____

Author: _____

Book: _____

_____

_____

_____

_____

_____

_____

Author: _____

Book: _____

_____

_____

_____

_____

_____

_____

Author: _____

Book: _____

_____

_____

_____

_____

_____

_____

Author: _____

Book: _____

_____

_____

_____

_____

_____

_____

To Be Read

To Be Read

- ○ _____
- ○ _____
- ○ _____
- ○ _____
- ○ _____
- ○ _____
- ○ _____
- ○ _____
- ○ _____
- ○ _____
- ○ _____
- ○ _____
- ○ _____
- ○ _____
- ○ _____
- ○ _____
- ○ _____

To Be Read

Genre:_____

- ○ _____
- ○ _____
- ○ _____
- ○ _____
- ○ _____
- ○ _____
- ○ _____
- ○ _____
- ○ _____
- ○ _____
- ○ _____
- ○ _____
- ○ _____
- ○ _____
- ○ _____
- ○ _____
- ○ _____

To Be Read

Books Read

_____

_____

_____

_____

_____

_____

_____

_____

_____

_____

_____

_____

_____

_____

Genre:_____

_____

_____

_____

_____

_____

_____

_____

_____

_____

_____

_____

_____

_____

_____

_____

_____

Genre:_____

Title/Author

Notes

_____

_____

_____

_____

_____

Key Take-aways

Action Items

_____

_____

_____

_____

_____

_____

_____

_____

Title/Author

Notes

_____

_____

_____

_____

_____

Thoughts

Quotes

_____

_____

_____

_____

_____

_____

_____

_____

_____

Reading List

Title _____

Author _____

Genre _____

Notes _____

Title _____

Author _____

Genre _____

Notes _____

Title _____

Author _____

Genre _____

Notes _____

Title _____

Author _____

Genre _____

Notes _____

Title _____

Author _____

Genre _____

Notes _____

Title _____

Author _____

Genre _____

Notes _____

_____

_____

Title _____

Author _____

Genre _____

Notes _____

_____

_____

Title _____

Author _____

Genre _____

Notes _____

_____

_____

Title _____

Author _____

Genre _____

Notes _____

_____

_____

Favorite Quotes

Favorite Quotes

Author: _____

Book: _____

_____

_____

_____

_____

_____

_____

Author: _____

Book: _____

_____

_____

_____

_____

_____

_____

Author: _____

Book: _____

_____

_____

_____

_____

_____

_____

Book Notes

Author:_____

Book:_____

_____

_____

_____

_____

_____

_____

Author:_____

Book:_____

_____

_____

_____

_____

_____

_____

Author:_____

Book:_____

_____

_____

_____

_____

_____

_____

To Be Read

To Be Read

- ○ _____
- ○ _____
- ○ _____
- ○ _____
- ○ _____
- ○ _____
- ○ _____
- ○ _____
- ○ _____
- ○ _____
- ○ _____
- ○ _____
- ○ _____
- ○ _____
- ○ _____
- ○ _____
- ○ _____
- ○ _____

Genre: _____

○
_____

○
_____

○
_____

○
_____

○
_____

○
_____

○
_____

○
_____

○
_____

○
_____

○
_____

○
_____

○
_____

○
_____

○
_____

○
_____

○
_____

To Be Read

Books Read

_____

_____

_____

_____

_____

_____

_____

_____

_____

_____

_____

_____

_____

_____

_____

_____

To Be Read

Genre:_____

_____

_____

_____

_____

_____

_____

_____

_____

_____

_____

_____

_____

_____

_____

_____

_____

Genre:_____

_____

_____

_____

_____

_____

_____

_____

_____

_____

_____

_____

_____

_____

_____

_____

_____

_____

Title/Author

Notes

_____

_____

_____

_____

_____

Key Take-aways

Action Items

_____

_____

_____

_____

_____

_____

_____

_____

_____

Title/Author

Notes

_____

_____

_____

_____

_____

Thoughts

Quotes

_____

_____

_____

_____

_____

_____

_____

_____

_____

Reading List

Title _____

Author _____

Genre _____

Notes _____

Title _____

Author _____

Genre _____

Notes _____

Title _____

Author _____

Genre _____

Notes _____

Title _____

Author _____

Genre _____

Notes _____

Title _____

Author _____

Genre _____

Notes _____

Title

Author

Genre

Notes

Title

Author

Genre

Notes

Title

Author

Genre

Notes

Title

Author

Genre

Notes

Favorite Quotes

Favorite Quotes

Author: _____

Book: _____

_____

_____

_____

_____

_____

_____

Author: _____

Book: _____

_____

_____

_____

_____

_____

_____

Author: _____

Book: _____

_____

_____

_____

_____

_____

_____

Book Notes

Author:_____

Book: _____

_____

_____

_____

_____

_____

_____

Author:_____

Book: _____

_____

_____

_____

_____

_____

_____

Author:_____

Book: _____

_____

_____

_____

_____

_____

_____

To Be Read

To Be Read

- ○ _____
- ○ _____
- ○ _____
- ○ _____
- ○ _____
- ○ _____
- ○ _____
- ○ _____
- ○ _____
- ○ _____
- ○ _____
- ○ _____
- ○ _____
- ○ _____
- ○ _____
- ○ _____
- ○ _____
- ○ _____

Genre:_____

- ○ _____
- ○ _____
- ○ _____
- ○ _____
- ○ _____
- ○ _____
- ○ _____
- ○ _____
- ○ _____
- ○ _____
- ○ _____
- ○ _____
- ○ _____
- ○ _____
- ○ _____
- ○ _____
- ○ _____

To Be Read

_____

_____

_____

_____

_____

_____

_____

_____

_____

_____

_____

_____

_____

_____

Books Read

_____

_____

_____

_____

_____

_____

_____

_____

_____

_____

_____

_____

_____

_____

_____

_____

Genre:_____

_____

_____

_____

_____

_____

_____

_____

_____

_____

_____

_____

_____

_____

_____

_____

_____

_____

Genre:_____

_____

_____

_____

_____

_____

_____

_____

_____

_____

_____

_____

_____

_____

_____

_____

_____

Title/Author

Notes

_____

_____

_____

_____

_____

Key Take-aways

Action Items

_____

_____

_____

_____

_____

_____

_____

_____

Title/Author

Notes

_____

_____

_____

_____

_____

Thoughts

Quotes

_____

_____

_____

_____

_____

_____

_____

_____

Reading List

Title _____

Author _____

Genre _____

Notes _____

Title _____

Author _____

Genre _____

Notes _____

Title _____

Author _____

Genre _____

Notes _____

Title _____

Author _____

Genre _____

Notes _____

Title _____

Author _____

Genre _____

Notes _____

Title

Author

Genre

Notes

Title

Author

Genre

Notes

Title

Author

Genre

Notes

Title

Author

Genre

Notes

Favorite Quotes

Favorite Quotes

Author: _____

Book: _____

_____

_____

_____

_____

_____

_____

Author: _____

Book: _____

_____

_____

_____

_____

_____

_____

Author: _____

Book: _____

_____

_____

_____

_____

_____

_____

Book Notes

Author: _____

Book: _____

_____

_____

_____

_____

_____

_____

Author: _____

Book: _____

_____

_____

_____

_____

_____

_____

Author: _____

Book: _____

_____

_____

_____

_____

_____

_____

To Be Read

To Be Read

- ○ _____
- ○ _____
- ○ _____
- ○ _____
- ○ _____
- ○ _____
- ○ _____
- ○ _____
- ○ _____
- ○ _____
- ○ _____
- ○ _____
- ○ _____
- ○ _____
- ○ _____
- ○ _____
- ○ _____
- ○ _____

To Be Read

Genre: _____

- ○ _____
- ○ _____
- ○ _____
- ○ _____
- ○ _____
- ○ _____
- ○ _____
- ○ _____
- ○ _____
- ○ _____
- ○ _____
- ○ _____
- ○ _____
- ○ _____
- ○ _____
- ○ _____
- ○ _____
- ○ _____

To Be Read

Books Read

_____

_____

_____

_____

_____

_____

_____

_____

_____

_____

_____

_____

_____

_____

_____

_____

*Genre:*_____

_____

_____

_____

_____

_____

_____

_____

_____

_____

_____

_____

_____

_____

_____

_____

Genre:_____

_____

_____

_____

_____

_____

_____

_____

_____

_____

_____

_____

_____

_____

_____

_____

_____

Title/Author

Notes

_____

_____

_____

_____

_____

Key Take-aways

Action Items

_____

_____

_____

_____

_____

_____

_____

_____

_____

Title/Author

Notes

_____

_____

_____

_____

_____

Thoughts

Quotes

_____

_____

_____

_____

_____

_____

_____

_____

_____

Reading List

Title _____

Author _____

Genre _____

Notes _____

Title _____

Author _____

Genre _____

Notes _____

Title _____

Author _____

Genre _____

Notes _____

Title _____

Author _____

Genre _____

Notes _____

Title _____

Author _____

Genre _____

Notes _____

Title _____

Author _____

Genre _____

Notes _____

_____

_____

Title _____

Author _____

Genre _____

Notes _____

_____

_____

Title _____

Author _____

Genre _____

Notes _____

_____

_____

Title _____

Author _____

Genre _____

Notes _____

_____

_____

Favorite Quotes

Favorite Quotes

Author: _____

Book: _____

_____
_____
_____
_____
_____
_____

Author: _____

Book: _____

_____
_____
_____
_____
_____
_____

Author: _____

Book: _____

_____
_____
_____
_____
_____
_____

Book Notes

Author: _____

Book: _____

_____

_____

_____

_____

_____

_____

Author: _____

Book: _____

_____

_____

_____

_____

_____

_____

Author: _____

Book: _____

_____

_____

_____

_____

_____

_____

To Be Read

To Be Read

- ○ _____
- ○ _____
- ○ _____
- ○ _____
- ○ _____
- ○ _____
- ○ _____
- ○ _____
- ○ _____
- ○ _____
- ○ _____
- ○ _____
- ○ _____
- ○ _____
- ○ _____
- ○ _____
- ○ _____
- ○ _____

Genre:_____

○ _____

○ _____

○ _____

○ _____

○ _____

○ _____

○ _____

○ _____

○ _____

○ _____

○ _____

○ _____

○ _____

○ _____

○ _____

○ _____

To Be Read

Books Read

Genre: _____

_____

_____

_____

_____

_____

_____

_____

_____

_____

_____

_____

_____

_____

_____

_____

_____

_____

Books Read

Genre: _____

_____

_____

_____

_____

_____

_____

_____

_____

_____

_____

_____

_____

_____

_____

_____

_____

_____

Title/Author

Notes

_____

_____

_____

_____

_____

Key Take-aways

Action Items

_____

_____

_____

_____

_____

_____

_____

_____

_____

Title/Author

Notes

_____

_____

_____

_____

_____

Thoughts

Quotes

_____

_____

_____

_____

_____

_____

_____

_____

_____

Reading List

Title _____

Author _____

Genre _____

Notes _____

Title _____

Author _____

Genre _____

Notes _____

Title _____

Author _____

Genre _____

Notes _____

Title _____

Author _____

Genre _____

Notes _____

Title _____

Author _____

Genre _____

Notes _____

Title _____

Author _____

Genre _____

Notes _____

_____

_____

Title _____

Author _____

Genre _____

Notes _____

_____

_____

Title _____

Author _____

Genre _____

Notes _____

_____

_____

Title _____

Author _____

Genre _____

Notes _____

_____

_____

Favorite Quotes

Favorite Quotes

Author: _____

Book: _____

_____

_____

_____

_____

_____

_____

Author: _____

Book: _____

_____

_____

_____

_____

_____

_____

Author: _____

Book: _____

_____

_____

_____

_____

_____

_____

Book Notes

Author: _____

Book: _____

_____

_____

_____

_____

_____

_____

Author: _____

Book: _____

_____

_____

_____

_____

_____

_____

Author: _____

Book: _____

_____

_____

_____

_____

_____

_____

Printed in the USA
CPSIA information can be obtained
at www.ICGtesting.com
LVHW070954131223
766395LV00022B/189